HOPI PROPHEZEIUNG - Zwei Pfade: Zerstörung oder Überleben - Thomas Banyacya Spiritueller Ältester

Die Rede von 1972 über die Gefahr und Zukunft jetzt aktuell

Holger Kiefer

Priester-Schamane.de

https://priester-schamane.de/literatur/

Spirituelle Lebensberatung
https://priester-schamane.de/spirituelle-lebensberatung/

Herausgegeben von: Holger Kiefer (https://priester-schamane.de)
Verlagslabel: Priester Schamane Publishing
ISBN:
Softcover 978-3-384-13807-1
Hardcover 978-3-384-13808-8
E-Book 9783757902889
Druck und Distribution im Auftrag :
tredition GmbH, Heinz-Beusen-Stieg 5, 22926 Ahrensburg, Germany
Das Werk, einschließlich seiner Teile, ist urheberrechtlich geschützt. Für die Inhalte ist der Autor selbst verantwortlich. Jede Verwertung ist ohne Zustimmung unzulässig. Die Publikation und Verbreitung erfolgen im Auftrag des Autors, zu erreichen unter: tredition GmbH, Abteilung "Impressumservice", Heinz-Beusen-Stieg 5, 22926 Ahrensburg, Deutschland.

Inhaltsverzeichnis

Einleitung:..6
Die Ankunft der Weißen..9
Die Rede von David Monongye..................................11
Die Rede von Thomas Banyacya................................13
Rückblick und gegebene Voraussagen........................16
Eine neue Zukunft, ein goldenes Zeitalter..................32
Die große Reinigung..37
Als der weiße Bruder kam..46
Das Haus im Himmel...52
4 Apokalyptische Reiter,..54
Piri Reis..56
   Zur Person von Piri Reis......................................68
Literatur über Hopi Prophezeiungen..........................70

Einleitung:

In einer Welt, in der die Menschheit an einer Wegkreuzung steht, enthüllt eine uralte Hopi-Prophezeiung eine bedeutsame Botschaft. Zwei Wege liegen vor uns – einer führt zur Zerstörung, der andere zum harmonischen Einklang mit der Natur. Entschlüsselt von den Hopi-Religionsältesten Thomas Banyacya und Großvater David Monongye, gelangten diese Prophezeiungen im Jahr 1972 während der ersten UN-Konferenz zur menschlichen Umwelt in Stockholm an die Öffentlichkeit.

Die Prophezeiung der Hopi-Ältesten Thomas Banyacya und Großvater David Monongye weist auf einen Wendepunkt hin: den Konflikt zwischen Zerstörung und einem Leben in Harmonie mit der Natur. Ergreifend und aufrüttelnd zeigt diese Prophezeiung, die 1972 ihre Spuren hinterließ und 1993 eine erstaunliche Wiederkehr erlebte, eine Botschaft für alle Zeiten.

Erleben Sie die Weisheit und die universelle Bedeutung dieses außergewöhnlichen Zeugnisses.

Ein gesprochenes Wort ist nicht vergleichbar mit den sorgsam ausgewählten schriftlichen Wort. Daher war es für mich ein Balanceakt, die Origninal-Ausdrucksweise so zu lassen oder teilweise zu glätten, ohne den Inhalt in der Übersetzung zu verfremden. Daher bitte ich um Nachsicht für die da oder dort eventuell zunächst unverständlichen Formulierungen oder Kürzungen.

Priester-Schamane

» Der große Geist schuf diese Welt, damit wir sie bewahren «

Über Priester und Schamanen gibt es geteilte Ansichten, die Teils nicht immer richtig sind. Seit uralten Zeiten, als es noch keine Kirchen und keine Ärzte, keine Psychologen, Eheberater usw. gab, waren es die Schamanen, zu denen man ging, wenn es Probleme im Stamm, der Familie oder mit der Gesundheit gab. Priester, Medizinmänner und Medizinfrauen können aufgrund ihrer medialen Fähigkeiten mit Rat und Tat zur Seite stehen.

Heute geht man zum Therapeuten und nimmt Medikamente. Vielleicht liegt unser Trauma an unserer Kultur, bei der wir oft den Respekt vor der Natur, die Liebe zu unseren Mitmenschen vernachlässigen? Es ist vieles im Argen in unserer Welt und es ist die Zeit der Rückbesinnung auf unsere Quelle, auf eine gewisse Demut und den Blick auf den großen Schöpfergeist.

Lasst uns die Schöpfung auch auf geistige Weise bewahren, um unnötige Fehler zu vermeiden und lasst uns miteinander sein im Herzen und im Geist und lasst keine Spaltung, keinen Hass zu, sondern suchen wir Frieden mit jedem Menschen und mit der gesamten Schöpfung.

In unserem Leben gibt es zwei Wege. Der eine Weg führt zu einer Welt ohne Katastrophen und der andere Weg führt zur totalen Zerstörung. Beide Wege sind in Stein gemeißelt. Jetzt ist die Entscheidende Zeit, ob es zu einer Wende kommt oder nicht.

Priester-Schamane
Holger Kiefer

THOMAS BANYACYA
Hopi Religious Elder
1972 U.N. Conference on the Human Environment, Stockholm, Sweden

Die Ankunft der Weißen

Es handelt von einer Hoffnung, die wir repräsentieren, unsere Leute, die lange bevor Columbus je über den Ozean wollte, in diesem Südwestgebiet waren, verloren gingen und lustigerweise in unserem Gebiet landeten und uns Indianer nannten. Er dachte, er sei in Indien gelandet und nannte es "Indianerland". Im Osten Indiens gab es Dörfer, die immer im nördlichen Teil von dem, was heute als Arizona bekannt ist, auf drei Mesas aufgebaut waren. Dort richteten die Ältesten des

Volkes ihre eigene Form der Regierung auf, basierend auf religiösen Prinzipien. Dort trafen sie den Großen Geist, den sie Misawa nannten, und er gab den Menschen Anweisungen, wie sie in diesem neuen Land und Leben leben sollten – wie sie Pflanzen, Tiere, Vögel und alle Lebewesen auf der Erde pflegen sollten. Wir hielten dieses Land und Leben in einem guten Zustand. Klar fließende Flüsse, grüne Täler, Bäume, Tiere – alles war in Ordnung.

Unsere weißen Brüder trennten sich von uns am Anfang des Lebens und gingen irgendwo auf diesem Kontinent und brachten Störungen auf unser Land, sodass es heute überall Verschmutzungen von Land, Luft, Flüssen und allem gibt. Eines Tages wird er zu uns zurückkehren und uns angeblich dabei helfen, das Land besser zu pflegen mit dem, was er erfunden hat.

Die Rede von David Monongye

Die Hopi haben nie mit einer Nation, die auf unseren Kontinent kam, oder sogar mit der vereinigten Regierung, einen Vertrag geschlossen. Deshalb betrachten wir uns immer noch als eine unabhängige Hopi-Nation. Wir hier heute repräsentieren sie auf diese Weise. Wir hoffen, dass wir während der nächsten zwei Wochen mit einigen Vertretern der Vereinigten Nationen und anderen Nationen in diesem Land sprechen können. Wir schulden sehr viel. Ich wiederhole noch einmal, dass Bruder

Robert und Schwester Miriam gesagt haben, sie seien sehr glücklich, so viele von euch mit langen Haaren zu sehen. Es gehört zu unserem Besitz, dass wir irgendwann erkennen würden, dass wir den falschen Weg eingeschlagen haben. Wenn wir erkennen, dass wir nicht den richtigen Weg gehen, würden die Menschen ihre Haare wachsen lassen.

Aber die Erde wurde auseinandergerissen und sie blutet. Wie können wir sie heilen? Ich bin nur eine Mutter mit zwei Speeren. Folgt dem spirituellen Pfad, damit der Große Geist unsere Mutter Erde heilen kann. Ich bin sehr, sehr glücklich zu sagen, dass wir hier etwas gezeigt haben. Was auch immer wir hier gepflanzt haben, mag wachsen und Früchte tragen, die wir ernten können. Es ist eine Ernte, die am Ende als spirituelle Ernte aufkommt. Lasst uns die Lehren des Großen Geistes nicht vergessen. Lasst uns alle ihm folgen, damit wir uns nicht selbst zerstören. Wir wollen uns von Zerstörungen befreien. Ich betrachte euch alle als meine Kinder, die einer religiösen Ordnung angehören. Ich bete für alle Menschen auf der ganzen Welt, damit sie ein einfaches und glückliches Leben führen und genug Nahrung haben, damit wir in Harmonie glauben können.

Nochmals bin ich sehr glücklich, dass ihr heute bei uns seid, und ich möchte noch einmal betonen, dass hier immer der Große Geist ist, denn er ist die einzige Heilung für unsere Sache. Da wir hier sind, sind wir sehr, sehr erfreut, euch hier zu treffen, die Gesichter von euch, die noch nie zuvor hier gewesen waren. Wir wissen, dass wir gekommen sind, wie es prophezeit wurde – dass wir eines Tages auf diese Weise in fremden Ländern zusammenkommen würden, um unsere Probleme gemeinsam zu lösen, damit wir uns nicht selbst zerstören.

Ich fühle mich nicht fremd euch gegenüber, und ihr solltet euch auch nicht fremd mir gegenüber fühlen. Ihr seid alle meine Kinder oder meine Brüder und Schwestern. Danke.

Die Rede von Thomas Banyacya

Thomas Banyacya bezieht sich bei den Abbildungen auf dieser Plane auf zwei Steintafeln, welche dem Volk hinterlassen wurden.

Diese beiden Steintafeln wurden zwei Brüdern gegeben, die dieselbe Mutter hatten, aber einer von ihnen hatte eine sehr helle Hautfarbe. Wir sollten diesen jungen Mann oder älteren Bruder als weißen Bruder bezeichnen, weil seine Haut weiß ist, weißer als die des anderen, der die Farbe der Mutter Erde hat, die unsere ureigenen Leute sind. An diesem Zeitpunkt war es dazu bestimmt, dass dieser ältere Bruder das Wissen übernimmt, es bewahrt und trägt.

Also gab es eine Trennung: Derjenige mit hellerer Hautfarbe, der weiße Bruder, wurde angewiesen, nach Osten zu gehen, entlang der Ränder des Landes zu einem anderen Land, um sich darum zu kümmern, es zu nutzen, Dinge zu entwickeln, sie aufzuzeichnen und Erfindungen zu machen, was er zuvor getan hatte. Dann, nachdem er so weit gekommen war, sollte er hierher zurückkehren, um nach seinem jüngeren Bruder zu suchen, der hier zurückgelassen wurde, um dieses Land auf spirituelle Weise zu pflegen – mit Liedern, Gebeten, Fasten, Meditation. Er sollte sich in dieser Art um diesen Kontinent kümmern.

Er sollte fünf Brüder herbeirufen, um ihm mit seinen Erfindungen zu helfen. Wenn sie zusammenkommen, sollten das Materielle und das Spirituelle vereint werden, und gemeinsam sollten sie sich um dieses Land auf eine wirklich gute Weise kümmern, entsprechend einer höheren Anweisung.

Aber es gab eine Gefahr, sagte er, weil er uns beide heilige Symbole gab – einen Kreis. Es gibt kein Ende dieses Kreises, genau wie es kein Ende dieses Lebens gibt. Also erhielt jeder dasselbe Symbol. Jetzt ging der weiße Bruder nach Osten...

Dann kam er zurück, aber wenn er anfängt, das zu ändern und ein anderes Symbol zu sein, wissen wir, dass er anfing, Dinge zu ändern. Er konnte die Dinge nicht auf seine eigene Weise machen, also gab es zwei Symbole dafür bekannt. Wenn er kommt, platzieren wir alles auf dieses Leben, um dies zu repräsentieren: das Dorfleben, das religiöse Leben und das tägliche Leben unseres Volkes, um zu folgen.

Rückblick und gegebene Voraussagen

Es gab noch keine Straße, aber später kam unser weißer Bruder und er brachte Erfindungen mit. Ich gehe das jetzt so schnell wie möglich durch. Die Erfindungen, die er bringen wird.

Einer der Ältesten, derjenige, der dieses Treffen einberufen hat, ein Anführer der Kachina-Gesellschaft. Er war etwa 80 oder 90 Jahre alt, und er sagte: 'Mein Großvater pflegte mir zu sagen, dass ich vielleicht einige der Erfindungen sehen könnte, die unser weißer Bruder mitbringen wird, wenn er kommt.

Er wird eine Kutsche bringen, die von Tieren gezogen wird, ziehen Menschen über unser Land. Ich habe das gesehen, diesen Wagen, bald wird er von selbst fahren. Und sie sagen, das ist ein Automobil.

Und bald wird es eine Straße in jede Richtung von unseren Mesas geben, man kann alle Arten von Wegen in jede Richtung sehen, sie haben kein Wort für gepflasterten Boden, also sagte er, eines Tages wirst du einen dieser Wege entlanggehen und Wasser vor dir sehen, weil du weißt, an einem heißen Sommertag kannst du tatsächlich eine eine Fata Morgana von Wasser vor dir sehen. So wird es gepflasterte Straßen über das ganze Land geben, und sehr bald.

Wir können sie haben, aber wir können nicht zulassen, dass es in diese Richtung geht. Und wenn das passiert, dann wird es eine Zeit geben, in der jemand etwas erfindet, durch das wir miteinander durch ein Spinnennetz sprechen können.' Und er schüttelte den Kopf und sagte: 'Ich verstehe nicht, was das bedeuten soll.' Und dann, dann sagte ein junger Mann, dass das eine Telefonleitung sei, weißt du, wenn du in den Himmel schaust, sieht es aus wie Spinnennetze dort oben, wir sprechen miteinander.

Und bald wird es unsere Zeit sein. Wir schließen alles in einem Raum, sprechen durch Türen und Fenster, aber weit über den Bergen irgendwo dort, irgendwo dort oben wird es weniger sprechen, und ich verstehe das nicht', sagte er erneut. Und dann erklärte ihm jemand, dass das wohl Radio oder Fernsehen sein müsse. Und dann werden seine Erfindungen zeigen, wo wir in diesem Leben stehen, während wir vorankommen.

Dann sagten sie, es wird Straßen am Himmel geben, und er schüttelte den Kopf und sagte: 'Ich weiß nicht, wie jemand eine Straße hoch in den Himmel bauen könnte, auf der die

Menschen reisen werden', aber sie fanden heraus, dass es ein Flugzeug sein würde, das dort oben eine Straße haben wird, sie werden Menschen tragen.

Dann sagte er: 'Wenn das erfüllt ist, kann es Probleme auf dieser Erde geben, weil der Mensch zu weit gegangen ist, um diesen Weg zu gehen. Sie können anfangen, gegeneinander zu kämpfen, sie können sich streiten, überall wird es Probleme geben.

Junge Leute werden ihre Ältesten nicht respektieren, oder Älteste werden ihre Kinder vernachlässigen, dann werden sie alles ausnutzen, es wird keinen Respekt mehr für die Natur geben, die uns zur Verfügung gestellt wurde, weil wir diese Dinge haben wollen, und es wird so sein.

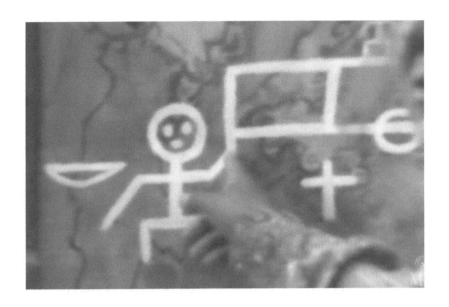

Und schon bald wird einer von denen, der vom Großen Geist beauftragt wurde, wird sich erheben und das wahre Herz der Welt erschüttern . Ihr Menschen folgt nicht den Anweisungen, die die Geschichte euch gegeben hat, und das ist es, was passieren wird.

Viele Leben werden zerstört werden, es wird Krieg geben, ein kranker Ort wird erschüttert, um zu den Anweisungen zu folgen. Das ist es, was passieren wird, viele Leben und Vermögen werden zerstört werden, es wird Krieg geben, eine Erschütterung an einem kranken Ort.

Dann hielt es eine Weile an, wir gingen weiter, dann kam ein Fortgeschrittener, es würden fortgeschrittenere Dinge erfunden werden, diesmal sagten sie, sie würden anfangen, im Mond und den Sternen herumzufummeln. Und sie müssen wissen, dass irgendwann jemand zum Mond gelangen wird. Sie sagten, wenn ihr jemals zum Mond gelangt, bringe nicht irgendetwas vom Mond, zurück zur Erde., denn wenn ihr das tut, dann greift ihr in die Regierungen der Natur des Universums ein und alles wird gestört sein.

Und es werd Dinge auf der Erde passieren, die ihr nicht kontrollieren könnt, auch wenn ihr all das Wissen und die wissenschaftlichen Dinge habt, könnt ihr nicht. Wenn Erdbeben beginnen, werdet ihr sehr hilflos aussehen, wenn das Gleichgewicht zerstörerisch wird. Weil sie dabei geholfen haben, das ist es, was hier passieren wird.

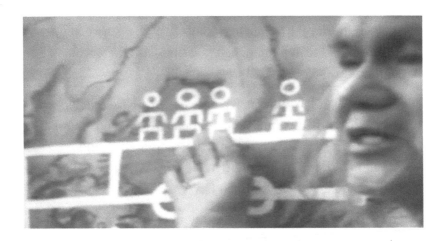

Aber dann wollen wir viele Dinge, weil es andere Dinge geben wird. Wir fangen an, Geld zu machen, ein Geldsystem entwickelt sich, wir sehen neue Gadgets aller Art, und sie werden entwickelt, dann will jeder jedes Jahr ein neues Auto haben., Wir arbeiten alle darauf hin, es ist uns egal, wie wir es bekommen, also kämpfen wir und kämpfen.

Wir vergessen die spirituellen Dinge, wir vergessen uns selbst, sind wir verbunden mit der Erde, dem Gras, den Bäumen, den Tieren, den Wolken, wir vergessen all diese Dinge, in denen wir kämpfen und kämpfen, um all das zu bekommen, und dann gibt es diesen Ort, wo jemand etwas erfinden wird, das er als 'Hof voller Asche' bezeichnete, und dann wird es so sein.

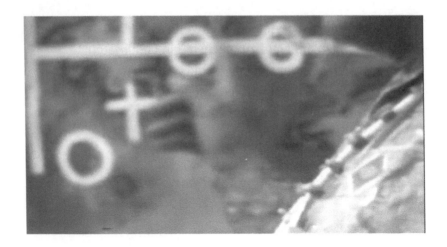

Und es wird so klein sein, aber so kraftvoll, dass wenn der Mensch es jemals auf die Erde fallen lassen kann, wird es so heiß sein, dass es Ozeane und Flüsse zum Kochen bringt, alles verbrennen wird bis zur Asche.

Und er beschrieb, was passieren wird, wenn das jemals passieren würde, ein Teil davon wird viel Krankheit und Dinge entwickeln, die der Mensch nicht heilen können wird. Das ist es, was hier zwischen diesen beiden passieren wird.

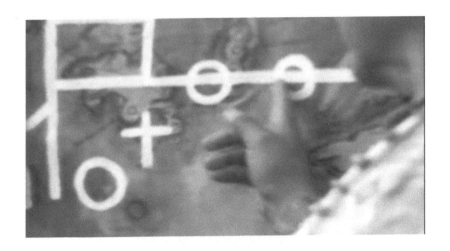

Dann wird es zwei weitere Ereignisse geben, bei denen ein anderer aufstehen und sagen wird: 'Ihr Leute folgt mir nicht, ihr geht zu weit weg, ihr zerstört Dinge.' Also, als sie uns wieder warnten, als diese dritte Person auftauchte, diesmal mit viel Größerem, dann wird jemand weiter weg anfangen, am Mond und an den Sternen herumzufummeln.

Und das letzte Ereignis wird ein riesiges Haus sein, das irgendwo hoch oben im Himmel schweben wird, Menschen und Dinge tragen wird. Wenn das erfüllt ist, sagte dieser alte Mann, dann solltet ihr besser anfangen zu lernen, wie man auf dieser Erde lebt, hart zu überleben, denn das Erdbeben könnte bestimmte Gebiete treffen, fdann alles niederreißen oder es könnte eine schwere Hungersnot geben oder die Flut oder der Sturm, Blitze, alles fängt an, uns sehr stark zu treffen. Die gute Natur wird aktiv sein, von hier aus.

Deshalb sagte er, wir sind in dieser Zeit.

Denn zu dieser Zeit wird einer unserer eigenen Ureinwohner sich ihnen anschließen, um anderen beizubringen und seinem eigenen Volk zu sagen: "Vergiss deine Sprache, vergiss deine Abfälle, vergiss deine Lieder. Komm und folge uns. Schau, wir haben Geld. Wir haben all diese materiellen Gewinne, all diese Dinge wie neue Fernseher und Autos. Also vergiss das alles und komm diesen Weg." Es liefen auch viele von unseren eigenen Leuten in die Richtung.

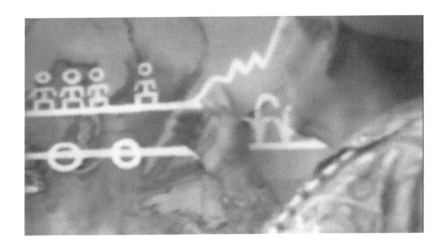

Aber dann werden sie sich weiterentwickeln in wissenschaftlichen Dingen, Interventionen, aber sie werden sich mit dem, was sie erfunden haben, selbst zerstören, wenn sie nicht aufpassen.

Also, jetzt stehen wir im Geist, sagen sie, wir werden uns entweder vernichten oder zurückkommen. Wir suchen unsere spirituellen Anweisungen, in uns selbst suchen wir, etwas, das uns verbinden sollte, weil wir jetzt wissen, dass wir alle lebendig sind, wir alle verbunden sind, um über Gott und über den Großen Geist zu sprechen.

Aber bisher hat ihn keiner wirklich gesehen, aber wir wissen, dass es etwas gibt, das uns am Leben hält, und mit einem Spiel, das wir einen Großen Geist nennen - ein Geist in uns, der uns mit euch und dem Gras und Tier zuerst allem verbindet. Es ist seine Luft, die wir alle im Moment atmen, wir sind alle damit verbunden, deshalb sind wir lebendig.

Jetzt verschmutzen wir diese Luft zu sehr, dann zerstören wir uns auch mit dem, was wir erfunden haben, weil sie sagten, dass wir zu diesem Punkt kommen könnten, wenn die Sonne eines Tages blutrot aufgeht. Einige Tage sind bereits blutrot. Es ist bereits so stark verschmutzt an der Ost- und Westküste, dass, wenn die Sonne aufgeht, man sie richtig hellrot sehen kann. Das ist es, was gerade in der zweiten Phase passiert. Die wird uns wirklich hart treffen.

Jetzt kommen wir zu diesem letzten, was wir sagen, ist eine Reinigung dieses Kontinents hier. Denn hier sagen die Hopi, dass sich hier das spirituelle Zentrum befindet, das den gesamten Bereich dieser Ecke abdeckt,

die Staaten Arizona, New Mexico, Colorado und Utah, aus irgendeinem Grund.

Ich weiß nicht, ob die Regierung das weiß oder nicht, aber sie bringen diese Staaten in diesem Sinne zusammen. Es ist eine sehr, sehr wichtige Region, die wir als heilige Luft bezeichnen.

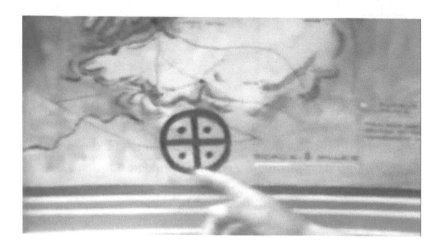

Und jetzt haben wir die Zeichnung auf einer Kugel, die Catena, sie sollten sie auf jede erdenkliche Weise schützen, weil das das Herz unserer Mutter Erde ist, der Geist unseres Volkes, der darin steckt, und wir dürfen ihn in keiner Weise stören, wir können um ihn herumgehen, aber wenn wir zu weit gehen, dann zerstören wir auch eine Menge Dinge in uns selbst. Deshalb ist das der Zeitpunkt, an dem wir nach den spirituellen Menschen in diesen vier Bereichen suchen.

Das ist die Zeit, die wir laut der Hoffnung jetzt erleben. Viele von uns gehen den materiellen Pfad, vergessen die spirituellen Aspekte und stören die Natur so sehr. Es gibt Konflikte, Kriege, Streitigkeiten, und Menschen, die dieselbe Sprache sprechen, testen viele Dinge auf ihre eigene Weise, weil wir so klug und intelligent geworden sind.

Jetzt können wir uns selbst machen, Forschung betreiben, es gibt Leute, die versuchen, Menschen in Reagenzgläsern zu züchten, und sie nehmen Pillen. Alles das wird in dieser Zeit stattfinden, wie es die Hoffnung voraussagt, und das Leben wird auf ein Niveau zurückgehen, das kurz vor dem letzten Unheil liegt.

Es wird Unruhe herrschen, die Menschen werden hin und her laufen, weil sie nirgendwo hinkommen und sich schlecht fühlen. Wir werden nicht mehr still sitzen wollen, sondern viel tun wollen, viele unnötige Dinge, weil wir all diese Dinge in der Hand haben und die Macht in unseren Händen haben.

Wenn wir sie schließlich missbrauchen oder falsch anwenden oder sie versehentlich loslassen, wird alles zerstört werden, weil das ist es, was es bedeutet.

Daher suchen wir nach spirituellen Menschen in diesen vier Gebieten. In den letzten 15-20 Jahren haben wir Älteste gefunden, die an verschiedenen Orten zusammenkommen. Indigene Völker beleben ihre heiligen Tänze und Zeremonien wieder, Langhäuser im Gebiet der Sechs Nationen des Irokesenbundes in New York werden wieder aufgebaut, und auch an der Westküste entwickeln sich Traditionen. Überall auf diesem Kontinent kommen indigene Völker zusammen, um an diesen Lehren festzuhalten, denn das ist unsere Anweisung.

Jetzt sind unsere weißen Brüder gekommen, und es steht kurz davor, dass sie uns in diese Richtung führen. Daher kehren wir jetzt zu unseren weißen Brüdern zurück, mit dieser Botschaft, mit diesem Wissen, denn wir stehen vor diesem letzten Tag der Reinigung. Etwas ist schiefgegangen, und unsere Menschen zerstören nun überall im Land das Land, das Leben und die Religion der Ureinwohner. Das kommt zu einem Punkt, an dem die Macht stark ist.

Es wäre der letzte Ort, an dem die weißen Brüder es irgendwann erkennen und anfangen müssen, etwas zu korrigieren, zu stoppen und zu ändern, denn früher oder später wird die Reinigung kommen, um die Erde zu reinigen. Wenn ihr es nicht schafft, selbst wenn ihr über religiöse und gute Regierungsprinzipien sprecht, werden diese Reiniger es mit Macht und Stärke tun müssen. Wir haben ihnen all die Macht gegeben, sich zu entwickeln, und wer auch immer daraus hervorgeht, wird wieder auf den Großen Geist treffen, wie es in den heiligen Lehren heißt, dass der Große Geist sich darum kümmert.

Dann werden diese Reiniger es mit der Kraft und Macht tun müssen, denn wir wünschen uns, dass wir ihnen allen die Kraft geben, sich jetzt zu entwickeln.

Dann wird derjenige, der herauskommt, den Großen Geist wieder treffen, denn hier ist eine fremde Bibel, und andere sagt, dass ich zuerst hier bin. Ich habe mich um dieses Land gekümmert, ich habe es euch überlassen, es zu zerstören. Ich gehe für eine Weile weg und lasse euch euren Weg gehen. Einige von euch mögen ihm folgen, einige von euch mögen sich abwenden, aber nach dieser Reinigung wird derjenige, der herauskommt, mich wieder treffen.

Der vorhergehende Absatz war schwer zu verstehen, daher der Originaltext in Englisch, wie ich ihn verstanden habe:
then these purifiers will have to do it the power and might because wish we had give them all the power to develop now then whoever comes out he will meet the Great Spirit again because here is a foreign Bible and other says that I'm first here I have taken care of this land I let you take care of it a given destruction I go away for a while and let you go on your way some of you may follow it some of you may turn away but after this purification whoever comes out then I come and meet him again and this time

Eine neue Zukunft, ein goldenes Zeitalter

Und dieses Mal verschwindet das bisherige Leben, erneuert alles. Alle lebenden Menschen, welcher Rasse auch immer, werden als ein Volk zusammenkommen, wie es war, um von dort aus mit mir zu beginnen. Keine Kämpfe mehr um Religion oder Land werden offen sein, so dass ihr dort draußen leben werdet ohne Geldsystem. Ihr werdet keine Steuern zahlen müssen, ihr könnt nicht alles an euch reißen, so wie jetzt habt ihr ein bestimmtes Gebiet für euch selbst und alle anderen sollen wegbleiben. Wir verweigern uns gegenseitig nichts mehr und werden wie Obstbäume da draußen sein. Jeder von uns hat eine Gabe, die er frei geben kann. Jetzt nach dieser Läuterung, wenn ich etwas erfinde, kannst du es nehmen und benutzen. Und wenn du etwas erfindest, kann ich es nehmen. Ich muss nicht mehr bezahlen, um es zu bekommen, es wird frei sein, und so wird es sein. Von dort aus vielleicht sogar wieder eine Sprache sprechen, aber welche Sprache ist die Frage. Denn nachdem die großen Geister mit uns sind, wird es ein neues Leben geben. Leben, das durch das reine Feuer gelegt wird, reinigt dieses Land. Und wer auch immer mit mir fest stand, eine Person blieb, bis zu diesem Punkt mit Glauben und Mut, diese Person oder die, die kommen, um ihm zu helfen, die viele Menschen gerettet haben, kommt heraus und trefft den Großen Geist.

 Derjenige, der den Glauben bewahrt hat, wird später einen neuen Plan für alle anderen Menschen, die überleben, haben. Von da an in echtem Frieden leben, und so ist es.

Nach vielen Jahren des Wissens in dieser Linie, etwa sechs oder sieben Jahre später, nachdem sie mir von diesen Dingen erzählt hatten, fragte ich mich, wer diese Leute sind, die dieses Land reinigen werden und wie sie es tun werden.

Also erklärten sie mir, dass wir eine Kürbisrassel haben, die wir immer noch in unserer Zeremonie benutzen, und dass die Kürbisrassel zwei Welten repräsentiert.

Der alte Mann sagte zu mir: 'Schau, wer auch immer dieses Symbol (*umgekehrt stellt es das Hakenkreuz dar*) in dieser Welt hat, schlägt uns zweimal für uns und es kam mir schnell und ich wollte es. Wer auch immer diese Symbol zurückgeben hatte.

> Diese Ausführungen waren für mich schlecht verständlich. Eine mögliche Interpretation könnte z.B. lauten: Der Text scheint metaphorisch und spirituell zu sein. Der "alte Mann" spricht von einem Symbol, das zweimal erscheinen wird und Menschen erweckt. Es könnte sich um eine symbolische Darstellung von Wendepunkten oder Ereignissen handeln, die eine tiefe spirituelle Bedeutung haben. Die Erwähnung von intelligenten Menschen, die viele Erfindungen machen werden, könnte auf Fortschritte und Technologien hinweisen. Die Warnung vor der Möglichkeit der Selbstzerstörung und dem Aufstieg einer neuen Generation könnte auf die Herausforderungen und Chancen in der Zukunft hinweisen. Es scheint eine Botschaft der Vorsicht und Hoffnung für kommende Generationen zu sein.

Denn es wird sehr intelligente Menschen geben, die viele Erfindungen aller Zeiten produzieren werden, sie werden so mächtig sein, dass sie das benutzen können, um uns hart zu erschüttern, und sie können sich fast selbst zerstören.

Aber später wird eine neue Generation kommen, diesmal werden sie wissen, was sie in der richtigen Weise tun sollen, zum richtigen Zweck. Denn um dieses Symbol herum gibt es ein Sonnensymbol, das sind sehr intelligente Menschen, die dieses Symbol haben, die viele Dinge produzieren, viele Dinge erfinden und mächtige Menschen werden und sie sagen auch uns zweimal, ich meine das zweite Mal. Mit Hilfe eines anderen werden diese beiden uns sehr hart warnen und sie fast selbst zerstören. Aber alles in allem wird eine neue Generation kommen, mit viel besserer Ausrüstung, alles, mächtige Dinge für eine Entwicklung.

Die große Reinigung

Aber diese beiden Personen, dann der dritte, der letztendlich die Reinigung dieses Landes auf diesem Kontinent herbeiführen wird, wird ein Mann mit roter Kappe, roter Mütze oder rotem Umhang sein. Wir wissen nicht, wer diese Nation ist oder welches Volk, aber sie sagen, diese Leute werden eine große Bevölkerung haben und sie werden auch viele wissenschaftliche Erfindungen aller Zeiten haben, sehr mächtig sein.

Es wird also einmal begonnen, indem man diese anderen dazu bringt, sich ihm mit all ihrer Macht und Stärke anzuschließen, die drei von ihnen werden schnell zusammenkommen und nichts kann sie aufhalten, diesmal können sie direkt hierher kommen. Sie sagen sogar, sie werden hier so schnell sein, dass sie hier zum Frühstück kommen. Heute ist ein schöner klarer Tag, alles ruhig, morgen früh könnten wir vielleicht zum Frühstück aufstehen, dann wird der ganze Himmel verdunkelt sein.

> In der Ofenbarung gibt es 4 Apokalyptische Reiter, siehe Kapitel
>
> Im Buch:
> „Planet X und die Hopi-Prophezeiung: Enthüllung der Zukunft unserer Welt
> Wenn Wissenschaft auf Prophezeiung trifft"
> findet der Mann mit roter Kappe, roter Mütze oder rotem Umhang ebenfalls Erwähnung

Der alte Mann sagte: 'Ich weiß nicht, was ihn dunkel machen wird, den Himmel'. Dann sagte er: 'Leute werden vom Himmel regnen und an einem Tag werden sie die Kontrolle über diesen ganzen Kontinent übernehmen und sie werden uns in vier Teile teilen und nach unserem Führer suchen, der noch übrig geblieben ist.

Der Führer, der immer noch diesen spirituellen Pfad geht, und zu ihm werden die Menschen sich hier versammeln

und zu ihm werden sie sagen: 'Wie haben diesen Menschen die Religion gegeben und die Pflicht, Dinge zu produzieren, Dinge zu erfinden und mächtige Menschen zu werden. Als sie hier ankamen, was ist dann mit dir passiert? Ich nehme an, er war der letzte Häuptling, der in diesem Gebiet verblieben ist.

Sie werden ihn fragen und sie werden sagen: 'Nun, diese Leute haben mein Volk zerstört, sie haben sich um alles technische gekümmert, von meinem Volk und Flüssen und Jagdrechten und allem, was ich benutze, sie haben es mir gegen meinen Widerstand einfach weggenommen.

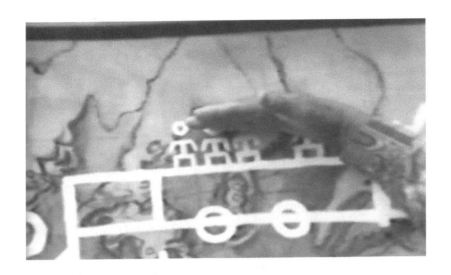

Dann werden diejenigen, die das getan haben, was wir als Reinigung bezeichnen, die wirklich bösen Menschen sein, die Menschen, die sich in dieser Angelegenheit zu ihren Gunsten ausgenutzt haben. Diese Figuren werden Schläge erhalten, das wird ihre erste Strafe sein, denn sie werden diese schlechten Menschen mitten am Tag in der Öffentlichkeit ausrotten und sie werden ihre Köpfe abschlagen, sagten sie, und das ist das, was passieren wird.

Das ist die erste Strafe. Dann sagen sie: 'Und was ist mit diesen Menschen hier?' Und sie werden sie ansehen und sagen: 'Nun, sie haben zumindest versucht, uns zu helfen, sie haben versucht, etwas für uns zu tun, um uns zu schützen', und sie werden all diese Menschen herausziehen, sie werden sagen: 'Ihr könnt nicht wegkommen', sagten sie, 'wir haben Mittel, euch zu nehmen', und sie werden all diese Menschen herausziehen, es wird viele von diesen Menschen geben, dann werden sie sagen: 'Schaut, ihr habt dieses Land, dieses Leben gestört, ihr habt ihre Flüsse und ihr Land und alles verschmutzt, geht und räumt es auf', und wer auch immer das überlebt, wird in der Lage sein, beim Führer hier zu bleiben.

Sie sagen nicht, 'Und was ist mit diesen Menschen hier?' Diese Menschen haben wirklich gelitten, sie wurden verfolgt und ausgelacht, sie wurden bestraft und auch zusammengeschlagen, weil sie wirklich zu mir standen, und sie werden diese Menschen herausziehen, und ihnen wird Respekt gezollt werden, das ist es, was sie sagen, wird am Ende durch die Menschen passieren, die dieses Symbol haben. Und der Mann mit der roten Kappe und Rassel, sie werden aus jeder Richtung kommen, von wo die Sonne aufgeht (*aus östlicher Richtung*), und sie werden schnell hierher kommen und etwas haben, um alle Maschinen der Menschen zum Stillstand zu bringen, unsere Macht wird ausgehen, alles wird einfach aufhören.

Und dann werden wir hilflos sein. Dann kommen sie einfach und übernehmen die Kontrolle, und das ist es, was mit diesen Leuten passieren wird, die aus dieser Richtung kommen.

Wenn diese Leute von Großem Geist beauftragt wurden, das für den Großen Geist zu tun, wenn wir es hier nicht selbst klären können und wenn sie scheitern, dann hat der Große Geist gesagt, es kommen andere Leute aus der westlichen Richtung. Sie kommen, sie kommen langsam und bauen mehr Macht, mehr Menschen, mehr Erfindungen auf und so weiter, und sie kommen einfach immer weiter. Wenn diese Leute nicht hierherkommen, um das für den Großen Geist zu reinigen, dann wird diese Gruppe kommen. Und sie sagten, wenn das passiert, beobachtet sie nicht vom Dach aus, denn diese Leute kommen aus der Westrichtung.

Es werden Millionen von Menschen an die Westküste kommen wie Ameisen, die über das Land kriechen, und sie werden für niemanden Gnade haben, sie werden sehr grausam und hart sein. Dann werden sie einfach alles aufgeben müssen, das muss kommen. Sie werden nach jemandem suchen, der diesen spirituellen Weg hier einschlagen wird, das werden sie tun.

Das ist es, was mit diesen beiden Reinigern passieren wird, und beide Seiten kommen auf diesen Kontinent zurück, von dem wir kamen, und wir sind zurückgekehrt, aber wir haben diese Prüfung vermasselt. Wir können uns nicht selbst bedrohen, dann müssen diese Leute das tun. Das ist es, was passieren wird. Also wer auch immer herauskommt, dann werden wir den Großen Geist treffen.

Aber wenn niemand zuhört, dann werden diese ältesten religiösen Männer hinunter in die Kiva gehen, um eine Zeremonie durchzuführen. Dann beten sie zu den vier Ecken dieser Erde, zur Erdmutter und zur Kuppel und sagen: 'Okay, eines meiner Kinder, meines Volkes, das mir zuhört oder mir hilft, jetzt übernimmst du.' Das ist, wenn die Wolke aufsteigen wird, wie dieses Licht, und es wird dreimal über dieses Land schlagen.

Aber die Alten sagen, wenn du Stromleitungen in deinem Haus hast, dann kann der Strom eintreten und alles zerstören. Und alles wird passieren, wenn dieser Blitz einschlägt. Und deshalb wollen einige dieser traditionellen Menschen noch keine Stromleitungen in ihrem Dorf, sie wollen es nicht im Haus haben, und dann wollen sie auch kein fließendes Wasser in ihrem Herzen haben, weil das heutzutage so verschmutzt ist und es in irgendeiner Weise beeinträchtigt wird, wenn der weiße Mann oder wer auch immer die Macht hat, aber wie die Goldform von Asche, die du interpretierst als Wasserstoffbombe oder Bombe, egal welche Bombe sie jetzt erfunden haben, so mächtig, dass wenn die irgendwo einschlägt, alles verschmutzt wird.

Also das sind die Dinge, die klar erklärt werden, und ich kann nicht wirklich auf all die Details eingehen, aber es bringt uns auf den neuesten Stand, mit dem, wir heute gegenüberstehen. Ich habe viele Dinge entlang dieser Linie geschehen sehen, die erfüllt werden. Also haben sie uns gesagt, so weit wie möglich zu gehen, um einige dieser Dinge so vielen Menschen zu erklären, denn es gibt immer noch den Glauben unserer Ältesten, dass eines Tages unsere weißen Brüder irgendwo oder irgendjemand verstehen werden, dass sie hier waren und es verstehen. Und sie können das erkennen und versuchen zu korrigieren, bevor die Gefahr kommt.

Deshalb wollen wir in unserem Gebiet keine Industrien haben, denn sobald das passiert, werfen sie diese Aschebomben in dieses Land und machen alles um uns herum kaputt. Aber es wird diese Orte treffen, an denen sie etwas entwickeln.

Und es sagt auch, dass wir das spirituelle Zentrum nicht stören dürfen, lassen Sie es in Ruhe, damit wenn etwas außerhalb davon passiert, wenn einige von euch überleben, dann könnt ihr zumindest zu diesem Gebiet kommen, das als Zufluchtsort für alle überlebenden Menschen bezeichnet wird. Der Geist sagt, das wird nicht zerstört, so dass es eine Chance für viele von euch gibt, dort zu leben oder von dort aus neu zu beginnen.

Das sind also unsere Anweisungen, die Prophezeiungen und Warnungen und was sie sagen. Vieles habe ich damals nicht geglaubt, aber viele Dinge sind eingetroffen, und ich weiß, dass alte Leute, 80 oder 90 Jahre alte religiöse Männer, über diese Dinge sprechen, und es gefährdet einige ihrer religiösen Lehrer und ihre Welt.

Also für die Hopi repräsentiert diese Schicht das Männliche, und diese Schicht repräsentiert das Weibliche. Diese beiden sind die Hauptquellen des Lebens, die wir nicht stören dürfen.

Wenn wir das tun, intervenieren wir in einem dieser Zustände. Sobald wir das tun, sinkt unser Leben auf einen Punkt, an dem es für immer verloren geht. Daher sollten wir das nicht tun. Dies sind einige der Erkenntnisse, die in der Präsentation enthalten sind, die 1940 im Dorf Mofo gehalten wurde. Natürlich haben sich in dieser Zeit viele Menschen auf spirituelle Weise um dieses Wissen gekümmert, starke Zeremonien seit Tausenden von Jahren oder mehr durchgeführt.

Als der weiße Bruder kam

Als der weiße Bruder kam, wusste er nicht, wie er auf diesem Land leben sollte. Also gaben wir ihm Nahrung und Unterkunft und ließen ihn hier leben. Aber jetzt, mit ihren großen Regeln und Vorschriften, teilen sie unser Land einfach auf und zerstören unser Leben, unsere Kultur, unsere Religion. Tausende unserer Leute ziehen obdachlos durch ihr eigenes Land. Es ist das einzige Zuhause, das wir haben, das einzige Land, das wir haben, wir haben hier Wurzeln. Aber fremde Menschen zerstören alles.

Deshalb sind die indigenen Völker besorgt, weil die Natur sofort reagiert, erst Hochwasser, Tornados, und vielleicht ein harter Winter diesmal oder etwas anderes hat sich bereits geändert, und das ist die Botschaft, die ich von den Ältesten überbringe.

Wir müssen den Menschen heute sagen, dass sie aufwachen und die Dinge korrigieren müssen, die in diesem Land passieren. Viele halten das in ihren einfachen Gebeten und Zeremonien aufrecht, um dieses Land und sein Gleichgewicht so weit wie möglich zu erhalten. Aber das wird alles zerstört. Aber niemand scheint etwas dagegen tun zu wollen. Sie denken nicht darüber nach, was sie dem Land der Ureinwohner antun, ihrem Zuhause und ihrem Heimatland.

Wir sprechen von Frieden, Gerechtigkeit, Gleichheit, dem Gesetz der Vereinigten Staaten, den Menschenrechten, aber sie haben nichts getan, seit sie unser Land haben, das sie auf unserem Land bauen, während sie über Menschenrechte und Gleichheit sprechen. Aber die indigenen Völker sind kurz davor, zerstört zu werden. Das ist es, worum es in dieser Botschaft geht.

Also ihr Leute, besser beeilt euch, geht zu eurem Anführer, der dieses Gesetz stoppen kann, das unsere Kultur, Religion und Lebensweise zerstört, die uns unser Land gewaltsam nehmen will. Rennt den großen Berg hinauf, dort wollen die Leute nicht wegziehen, weil sie dort schon sehr, sehr lange sind und wir gemeinsam für dieses Land gesorgt haben, gemeinsam mit der Hoffnung und einem anderen Zweck seit langer Zeit.

Die Regierung hat ein Gesetz erlassen, das zwischen ihnen einen Keil treibt, der sie teilen muss, und jetzt werden einige tausend von diesem großen Berg umgesiedelt, weil das Gesetz es so will. Sie können weiterziehen, weil das Gesetz sagt, dass dies Hopi-Land ist und dieses Land ihnen gehört. Aber die Navajo-Leute wollen jetzt nicht weg. Vor zwei oder drei Tagen hatten sie eine Versammlung. Sie wollen nicht gehen. Sie sagen, wenn die Nationalgarde kommt und sie gewaltsam herauszieht, werden sie nicht gehen. Wenn sie auf sie schießen wollen, werden sie dort sterben, erschossen von Amerikanern. Das ist es, was gerade passiert. Aber eure Leute wissen nicht, was in diesem Land passiert. Das ist schrecklich. Das war am 10. Dezember, und sie wollten, dass ich spreche.

Ich war der 20. Redner, und es war spät, aber ich musste es mündlich übermitteln, einen Brief übermitteln, aber im Herzen wusste ich, was drin stand. Am 10. Dezember kamen viele Ureinwohner aus dem ganzen westlichen Hemisphäre, und ich war der letzte Redner. Während meiner Rede kam ein Wind von 90 Meilen pro Stunde, der fast die Lichter ausknockte, und dann entwickelte sich ein schrecklicher Sturm, eine Flutwelle, die es noch nie gegeben hatte. Zwei oder drei Fuß Wasser in New Jersey, Stromausfall, Blitz und Donner. Auf der nördlichen Seite der Insel lag Schnee, aber in den Vereinten Nationen, wo sich die indigenen Völker befinden, hat es geregnet, aber es war geschützt. Am nächsten Morgen bildeten wir einen Kreis, ich betete, dass die Kräfte aus allen vier Richtungen, von oben und unten, diese schrecklichen Dinge stoppen, damit es ein schöner Tag wird und unsere indigenen

Völker sicher nach Hause zurückkehren können. Als die Sonne aufging, wurde alles ruhig, Flugzeuge flogen, alles begann sich auf unnatürliche Weise zu bewegen. Das war die letzte Botschaft.

Aber ich hoffe, dass ihr Leute es schafft. Also habe ich vor einer Woche einen letzten Brief geschickt, dass vier spirituelle Führer aus West, Nord und Süd zusammen mit den Hopi diese Botschaft der alten Weisheit und Warnung an die Vereinten Nationen weitergeben sollen, weil sie viele Nationen auf der Erde vertreten. Ich möchte herausfinden, wer den indigenen Völkern in diesem Land helfen wird.

Weiße Menschen kamen und wir haben sie willkommen geheißen, aber jetzt stehen wir kurz davor, von ihnen zerstört zu werden. Also müssen wir wissen, wer Gerechtigkeit, Frieden, Gleichheit, Menschenrechte für die Ureinwohner bringen wird. Wir alle wissen, dass wir als Menschen Teil dieser Erde sind und immer unsere Mutter Erde bearbeiten, immer auf der Suche nach Nahrung, und die Mütter geben immer weiter.

Wir alle stammen von allem ab, alles kommt von dort. Das ist es, was wir mit dieser Erde meinen, als ein großes, mächtiges lebendiges Wesen. Es ist wie eine Mutter. Die Länder, die mit Maschinen abgebaut werden, Bäume werden gefällt, Bäume werden in wenigen Sekunden gefällt. Dann gehen sie und bezeichnen es als Fortschritt. Aber das stört die natürliche

Natur und das Gleichgewicht der Natur, und deshalb werden wir davon betroffen sein.

Deshalb haben die Hopi festgestellt, dass viele native Völker sowie andere Leute hier Bildung haben sollen, viele Bücher lernen sollten, zur Universität gehen, über diese Dinge sprechen sollten. Sie sollten verstehen, was sie dieser Mutter Erde antun.

In diesem Bereich, wie ich sagte, wird es als spirituelles Zentrum angesehen, also erkennen die meisten Menschen, dass es wahr ist. Sie haben eine Menschenkette um das Vier-Ecken-Gebiet gebildet und alles gestoppt, was die Lebensgrundlage und das Leben der Menschen gefährdet. Lassen Sie niemanden mehr dorthin gehen, da sie gestört sind. Wir sollten dieses Vier-Ecken-Gebiet im Gleichgewicht halten und es einfach so lassen, wie es ist. Es ist der Weg, wie der Große Geist es gemacht hat. Es mag sein, dass diejenigen, die geholfen haben, es zu schützen, überleben können, denn das ist der einzige Weg, wie wir überleben werden. Wir müssen die am meisten gefährdeten Geister beobachten. Wenn wir diese Dinge nicht korrigieren, ist das Überleben eine sehr wichtige Sache.

Wisst ihr, als ich im Jahr 1988 die Vereinten Nationen besuchte, waren dort 100 spirituelle Führer und 100 Parlamentarier, die über das Überleben der Welt sprachen. Und sie fragten: Wir haben große Schwierigkeiten, wir leben in einer 1-zu-1-Welt, aber was sollen wir tun? Und Hopi bedeutet Frieden, freundliche Wahrheit oder bescheidene Person. Ich vertrete diese Menschen, und ich bin in einer Gesellschaft initiiert worden, die eine Gesellschaft ist, und ich weiß, worüber sie sprechen.

Als der Zweite Weltkrieg begann, habe ich mich nicht registriert, ich habe mich geweigert, in die Armee zu gehen, weil wir keinen Grund hatten, zu kämpfen. Ich blieb, die Regierung hatte keinen Grund, uns ohne Erlaubnis zu zwingen. Also ging ich nicht und verbrachte fast sieben Jahre in einem Bundesgefängnislager hier auf diesem Berg, dem Mount Lemmon. Sie bauten eine Straße bis zum Gipfel des Berges. Ich verbrachte fast sieben Jahre dort oben und hoffte, niemandem zu schaden, zu töten oder zu zerstören.

Der Weg für uns Menschen ist es, gut zusammenzuarbeiten, zurückzukehren zu diesem zukünftigen Weg und nach dem reichen spirituellen Leben zu leben. Natürlich hatte er einer bestimmten Gruppe von Menschen bestimmte Strukturen gegeben, die sie befolgen sollten, bestimmte Gebete und so weiter. Aber es scheint, als hätten die Menschen überall auf diesem Land die Lehren des Großen Geistes vergessen und sich davon entfernt. Jetzt sind wir alle verwirrt, unser Leben ist wieder korrupt. Wir müssen zum spirituellen Weg zurückkehren und gemäß seinen Interaktionen leben. Wenn ich mit euch spreche, handelt es sich nicht um ein politisches Thema, sondern um eine spirituelle Ebene, über die wir sprechen.

Das Haus im Himmel

ISS am 8. November 2021, aufgenommen von einem Astronauten von SpaceX Crew-2

Die Internationale Weltraumstation ISS, ein eindrucksvolles Zeugnis internationaler Forschungszusammenarbeit, plant laut NASA, bis zum Jahr 2031 kontrolliert zur Erde zu stürzen. Mit über 100 Metern Breite und einem Gewicht von 450 Tonnen ist die ISS das größte von Menschen geschaffene Objekt im Weltraum. Um dieses gigantische Flugobjekt aus seiner Umlaufbahn zu entfernen, hat die NASA verschiedene Szenarien durchgespielt und sich für einen kontrollierten

Absturz entschieden. Voraussichtlich im Januar 2031 soll die ISS in einem inszenierten Feuerball über dem südlichen Pazifik verglühen. Die gründliche Vorbereitung sieht vor, dass einige Jahre vor dem geplanten Absturz die ISS auf eine niedrigere Flughöhe gebracht wird. Der Luftwiderstand in einigen Hundert Kilometern Höhe wird dabei helfen, die ISS stetig an Höhe verlieren zu lassen. Man schätzt, dass etwa drei Transportflüge zur ISS erforderlich sein werden, um ihre Bahn zu korrigieren und giftige oder radioaktive Materialien sicher auf die Erde zurückzubringen. Die Ausschreibungen für die finalen Transportmissionen laufen noch bis zum 12. Februar 2024.

4 Apokalyptische Reiter,

Vier Apokalyptische Reiter Eduard Jakob von Steinle

Bemerkenswert bei diesem Bild ist der Reiter auf dem weißen Pferd, da er einen roten Umhang trägt. Zum Reiter auf dem weißen Pferd hatte ich ein Video gemacht: Offenbarung Weißes Pferd der vier apokalyptischen Reiter. In diesem gehe ich auch auf einen anderen zukünftig erwarteten Avatar ein.

https://www.youtube.com/watch?v=SJpzov2cghM

Interessante Stellen in der Bibel finden sich neben der Erwähnung über die Apokalyptischen Reiter auch an folgenden Stellen:

Matthäus 24,29

Das Buch. Doch direkt nach diesen unheilvollen Zeiten wird sich das Ende der Welt ankündigen. Die Sonne wird sich verfinstern und der Mond wird aufhören zu scheinen. Die Sterne werden vom Himmel fallen und die Urgewalten des Alls werden aus der Bahn geworfen werden.

Jesaja 13,10

Die Sterne am Himmel funkeln nicht mehr, / vergeblich sucht man den Orion, / die Sternbilder haben kein Licht. / Die Sonne wird schon im Aufgang finster, / und der Mond gibt kein Licht in der Nacht.

Joel 2:10:

Vor ihm zittert das ganze Land und bebt der Himmel; Sonne und Mond werden finster, und die Sterne verhalten ihren Schein. Textbibel 1899. Vor ihm her erzittert die Erde, erbebt der Himmel; Sonne und Mond verfinstern sich und die Sterne verlieren ihren Glanz.

Piri Reis

Auf die nachstehenden Informationen bin ich durch den TikTok-Kanal @sinnbefrei6 gestoßen. Die Karte und die Informationen über Piri Reis habe ich in der Wikipedia gefunden. Es existieren darüber hinaus zahlreise Videos auf Youtube.

Eine Landkarte, die vor über 500 Jahren gezeichnet wurde, bevor es eine Technologie dafür überhaupt gab. Wie kam es, dass Piri Reis 300 Jahre vor der Entdeckung der Antarktis die Küsten so perfekt zeichnen konnte?

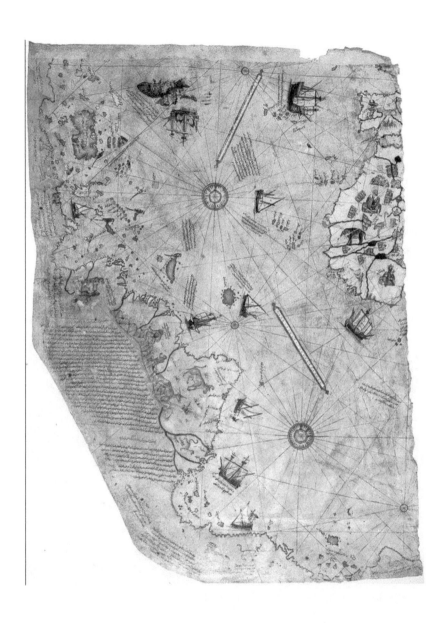

Interessanterweise bestätigten britische und russische Forscher auf der von Piri Reis gezeichneten Landkarte schließlich die Spuren einer Zivilisation, die auf dem antarktischen Kontinent lebte. Die Frage war jedoch, wie Piri Reis diese Informationen vor 500 Jahren erhalten hat. Einige behaupten, er habe es mit Hilfe von Außerirdischen gezeichnet, andere behaupten, er habe es durch Astralreisen gezeichnet. Was uns jedoch wichtig ist, ist nicht, wie er es gezeichnet hat, sondern was er gezeichnet hat.

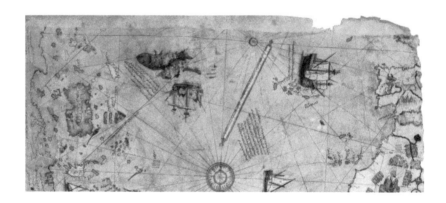

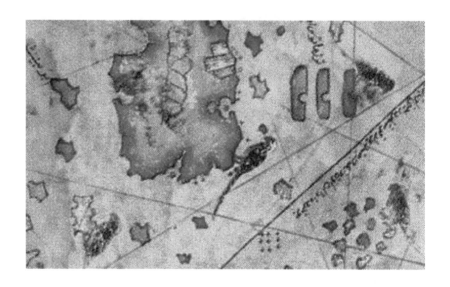

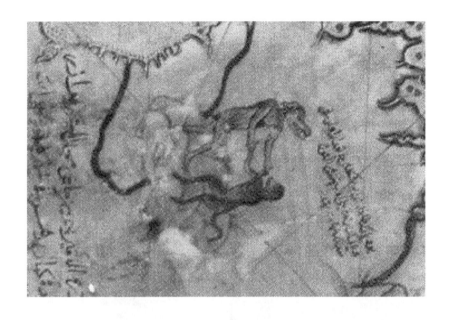

Was bedeuten die seltsamen Kreaturen auf der Karte, besonders dieses? Als wir die Karte betrachteten, wurden in der afrikanischen Region Elefanten- und Straußenbilder gezeichnet. Im südamerikanischen Teil gab es Bilder von Lama und Puma. Woher wusste Piri Reis, dass diese Tierarten dort lebten? Diese Regionen wurden 300 Jahre nach dem Zeichnen der Karte entdeckt, während Wissenschaftler erst Mitte des 20. Jahrhunderts in die Antarktis einreisen konnten.

Wie war er hier? Der überraschende andere Teil war, dass Piri Reis den südamerikanischen Kontinent trapezförmig zeichnete. Der von Piri Reis gezeichnete südamerikanische Kontinent sieht so aus, als wäre er aus dem Weltraum gezeichnet. Bei der Untersuchung waren alle Details unglaublich genau: die Maße waren korrekt, die Stellen waren korrekt, die Formen waren korrekt, alles andere war korrekt, außer einer 11° Kompassverschiebung. Die Tatsache, dass es so viele

Korrekturen gibt, erhöht jeden Moment den Verdacht der Menschen, dass da mehr dahinter steckt.

Die eigentliche Frage ist, ob diese Karte im 16. Jahrhundert von Piri Reis gezeichnet wurde. Das gruseligste Detail, das uns wirklich dazu gebracht hat, diese Karte zu erforschen, ist: Was ist der rothaarige Mann auf der Karte? Wer ist er? Warum hat Piri Reis diesen Mann so gezeichnet? Was wollte er uns sagen?

Wenn wir uns die osmanische Fußnote direkt darüber ansehen, gibt es den folgenden Satz: "Dieses Monster hat eine Größe von 5 Fuß. Der Abstand der Augen ist eine Spanne."

Theoretiker sind der Meinung, dass die rote Insel, die direkt über dem Rothaarigen Mann existiert, die Insel des Dajal gleich, vergleichbar mit Antichrist, ist. Schauen wir uns die rote Insel genauer an. In der befindet sich eine kleine Fußnote. Die Fußnote hier lautet "Isle deoka". Dieser Abschnitt wurde in keiner Quelle übersetzt. Das Fehlen jeglicher Informationen über diese Insel hat uns tiefer in die Forschung hineingezogen.

Wenn wir uns die Etymologie des Wortes ansehen, entspricht dieses aus Madagaskar stammende Wort dem englischen Wort "devastating". Mit anderen Worten ist es die Definition im Sinne von destruktiv, Zerstörer. Das, was dieser Definition am nächsten kommt, könnte der Dajal sein, der sich dort versteckt. Wir haben Informationen von einem osmanischen Dozenten von der Chukorova Universität erhalten und gemeinsam die Karte besprochen. Einige der Informationen, die wir bekommen haben, waren unglaublich. Einige Teile der Karte erwähnten Monster, Rinder mit einem Horn und sechshörnern und seltsame Kreaturen. Piri Reis erklärte, dass das rothaarige Wesen und die rote Insel in Bezug auf Farbe und Richtung zu sagen hätten, dass unmenschliche Wesen von dieser Insel stammten. Einige behaupten sogar, dass diese Insel Atlantis wäre. Der Dajal kann auch auf dieser Insel sein. Piris sagt, dass diese wundersame Landkarte, die immer noch zur Korrektur der Weltkarte verwendet wird, in seinem Buch mit Hilfe die stimmhaften Meere und Tiere erstellt wurde.

Der Dajal, vergleichbar mit Antichrist, wird auf dieser Insel versteckt bleiben, bis seine Eigenschaften registriert und abgeschlossen sind. Die Tatsache, dass die Insel auf der heutigen Satellitenkarte nicht sichtbar ist, bedeutet nicht, dass es dort keine Insel gibt. Darüber hinaus wird in einem Hadith, einer islamischen Mitteilung, wie folgt mitgeteilt: "Tamim aldari, der mit einer Delegation aus Damaskus nach Medina kam und als einer der prominenten Christen Muslim wurde, erzählte den Propheten, dass er sich mit seinen Freunden während der Kreuzfahrt auf einer einsamen Insel mit dem Dajal unter der Anleitung einer sehr gefiederten Kreatur getroffen hätte. Der sagte, sein Name sei Chissase und dass der Dajal, dessen Hände und Füße in Ketten gefesselt waren, er zu gegebener Zeit erscheinen würde."

Daraufhin bedankte sich der Prophet und sagte, dass das, was er über hörte, dem nahe kommt, was er zuvor seinen Gefährten gesagt hatte (Muslim Fiten 119 bis 121, Abu Davut Melahim 15). In der Fortsetzung des Gesprächs von Tamim aldari und seinen Schiffskameraden mit dem Dajal stellte sich der Dajal weiter vor: "Ich bin der Christus, der Antichrist. Die Zeit zum Verlassen ist nahe. Dann werde ich hinausgehen und die Erde durchstreifen. Es wird keine Dörfer geben, die ich in 40 Tagen nicht besucht habe, außer Mekka und Medina. Diese beiden Städte sind mir verboten. Wann immer ich einen von ihnen betreten möchte, wird mich ein Engel mit einem einfachen Schwert in der Hand begrüßen und mich daran hindern, dort einzutreten. In jeder ihrer Passagen ist ein Engel, der sie beschützt."

Wie aus dem Hadith hervorgeht, wird der Dajal in 40 Tagen die ganze Erde in Unheil und Unordnung versetzen. In diesen beiden geschützten Städten kann er jedoch nicht nach Mekka und Medina einreisen. Im Video dieser Woche haben wir einige der Geheimnisse auf der Karte von Piri Reis und einige Anzeichen des Ortes angesprochen, an dem sich der Dajal versteckt. Ist der Dajal wirklich in dieser Karte enthalten, die Piri Reis im Jahre 1513 gezeichnet hat? Wir sind uns sicher, das ist für uns alle eine Frage der Neugier. Es gibt einige Geheimnisse, die selbst mit viel Forschung nicht erlangt werden können. Nur wer diese Tage einholen kann, kann dies sehen und wissen. In der Hoffnung, die Endzeit nicht zu erreichen, wenn diese Niederlage stattfindet.

Zur Person von Piri Reis

Piri Reis (osmanisch پیری رئیس Pīrī Re'īs; * um 1470 in Gallipoli (Thrakien); enthauptet 1554 in Kairo) war ein türkischer Admiral der osmanischen Flotte und Kartograph. Er verfasste ein bedeutendes Buch über die Seefahrt im Mittelmeer und sammelte und erstellte zahlreiche Karten, von denen heute die erst 1929 entdeckte sogenannte Karte des Piri Reis von 1513 die berühmteste ist.

Sein Name lautete eigentlich türk. Muhiddin Piri b. Hacı Mehmed. Später wurde sein osmanischer Titel des Admirals (رئیس / re'īs) als Anrede oder Name genutzt.

Sein Onkel erbeutete 1501 bei der Seeschlacht (andere Quellen sprechen von einem Kaperunternehmen[2]) von Valencia sieben spanische Schiffe und auf ihnen eine Seekarte der „westlichen Region", die von Kolumbus gezeichnet worden sein soll.

1513 zeichnete er seine erste Weltkarte. Sie basierte auf etwa 20 Karten und mappae mundi, von denen eine sogar aus der Zeit Alexanders des Großen stammen soll. Da er neben Türkisch auch Griechisch, Italienisch, Portugiesisch und Spanisch sprach, konnte er fremdsprachliche Quellen erschließen und verarbeiten.

Sultan Suleiman ordnete auf Grund eines falschen Hinweises eines Gegenspielers wütend die Todesstrafe für Piri Reis an, worauf dieser 1554 im Alter von 84 Jahren öffentlich enthauptet wurde. Mit ihm starb einer der herausragenden Kartographen des osmanischen Reiches. Seine Segelanweisungen wurden wegen der illuminierten Detaildarstellungen von Häfen und Buchten vielfach kopiert, sie gingen aber in ihrem Gehalt kaum über frühere Kompilationen, etwa den Compasso de Navegare und andere gedruckte Seehandbücher, wie das Isolario von Dalli Sonetti, hinaus.

Literatur über Hopi Prophezeiungen

Prophezeiungen sind traditionell tief in vielen Kulturen verwurzelt und spiegeln oft den Glauben an eine vorausschauende Fähigkeit wider. Es gibt zahlreiche Prophezeiungen auf der ganzen Welt, und ihre Sichtweisen variieren je nach kulturellem Hintergrund, religiösen Überzeugungen und regionalen Einflüssen. Hier sind einige Beispiele:

Hopi-Prophezeiungen:

Die Hopi-Nation, eine indigene Gruppe in Nordamerika, hat eine Reihe von Prophezeiungen, die auf ihre Überlieferungen und spirituellen Lehren zurückgehen. Einige Hopi-Prophezeiungen betreffen die Bewahrung der Natur, das Gleichgewicht der Welt und die Bedeutung spiritueller Prinzipien für ein harmonisches Leben.

Maya-Kalender:

Die Maya-Zivilisation in Mittelamerika ist für ihren komplexen Kalender bekannt. Einige behaupten, dass der Maya-Kalender das Ende der Welt vorhersagt, während andere darauf hinweisen, dass es sich um den Abschluss eines Zyklus handelt. Das berühmte Datum 21. Dezember 2012 wurde von einigen als möglicher apokalyptischer Wendepunkt interpretiert.

Nostradamus-Prophezeiungen:

Der französische Astrologe und Wahrsager Nostradamus (1503-1566) verfasste Gedichte, die als Prophezeiungen betrachtet wurden. Viele interpretieren seine kryptischen Verse als Vorhersagen von historischen Ereignissen, einschließlich Kriegen und Naturkatastrophen.

Apokalyptische Prophezeiungen:

Viele Weltreligionen, darunter das Christentum, Judentum und Islam, haben apokalyptische Vorstellungen von Endzeitszenarien. Diese Prophezeiungen beziehen sich oft auf den Tag des Jüngsten Gerichts, die Wiederkehr eines Messias oder Propheten und den Beginn einer neuen Ära.

Es ist wichtig zu beachten, dass Prophezeiungen oft metaphorisch, symbolisch oder interpretativ sind. Ihre Bedeutung kann stark variieren, und ihre Erfüllung wird oft in retrospektiver Hinsicht betrachtet. Viele Menschen suchen in Prophezeiungen nach Weisheit, Warnungen oder Anleitungen für das Leben, während andere skeptisch gegenüber ihrer Gültigkeit sind. In jedem Fall sind Prophezeiungen ein faszinierender Aspekt der menschlichen Kultur und Geschichte.

Zurück zu den Prophezeiungen der Hopi-Auffassung

Die Hopi-Prophezeiungen sind tief in der Kultur der Hopi-Nation, einem indigenen Volk in Nordamerika, verwurzelt. Hier sind einige Schlüsselaspekte und Informationen zu den Hopi-Prophezeiungen:

1. **Zeitlose Überlieferungen:** Die Hopi-Prophezeiungen basieren auf mündlichen Überlieferungen, die von Generation zu Generation weitergegeben wurden. Sie umfassen Erzählungen von den Ursprüngen der Menschen, Begegnungen mit dem Schöpfer und Anweisungen für ein harmonisches Leben.

2. **Lebensweg und Spiritualität:** Die Prophezeiungen betonen den traditionellen Hopi-Lebensweg, der eng mit der Natur und spirituellen Prinzipien verbunden ist. Ein einfaches Leben im Einklang mit dem Großen Geist und die Beachtung von Anweisungen sind zentrale Themen.

3. **Prophezeiungen für die Zukunft:** Einige Hopi-Prophezeiungen beziehen sich auf zukünftige Ereignisse und warnen vor möglichen Gefahren für die Welt. Diese Prophezeiungen sind oft metaphorisch und betonen die Notwendigkeit, die Balance der Natur zu bewahren.

4. **Weiße-Siedler-Prophezeiung:** Eine bekannte Hopi-Prophezeiung bezieht sich auf das Erscheinen der Weißen und den damit verbundenen Einfluss auf die Hopi-Gesellschaft. Es wird beschrieben, dass die Weißen eine "steinerne Straße" bringen werden, die zu Zerstörung und Verwirrung führen könnte.

5. **Kachina-Tänze:** Die Hopi führen rituelle Tänze, sogenannte Kachina-Tänze, auf, die als eine Art spirituelle Praxis gelten. Diese Tänze sind oft mit Prophezeiungen verbunden und können als Mittel zur Kommunikation mit den spirituellen Kräften betrachtet werden.

6. **Bewahrung der Welt:** Die Hopi-Prophezeiungen betonen die Verantwortung der Menschen, sich um die Welt zu kümmern und die Balance der Natur aufrechtzuerhalten. Die Hopi sehen sich als Hüter des Landes und der spirituellen Weisheit.

Es ist wichtig zu betonen, dass Hopi-Prophezeiungen oft tief spirituell und metaphorisch sind. Die Interpretationen können variieren, und die Hopi-Gemeinschaft betrachtet diese Prophezeiungen als einen wichtigen Teil ihrer Identität und ihres kulturellen Erbes.

Jetzt ist die Gelegenheit, mehr darüber zu erfahren. Die zu diesem Thema aufgeführten Bücher werden Ihnen ein tiefes Verständnis darüber vermitteln können.

Alle der nachstehend aufgeführten Bücher von Holger Kiefer gibt es auch als E-Book

Planet X und die Hopi-Prophezeiung: Enthüllung der Zukunft unserer Welt
Wenn Wissenschaft auf Prophezeiung trifft

Softcover 978-3-384-13803-3

Hardcover 978-3-384-13804-0

E-Book 9783757906153

https://priester-schamane.de/literatur/

Die Hopi-Prophezeiungen - 10.000 Jahre alte Botschaften der amerikanischen Ureinwohner

Softcover 978-3-384-13805-7

Hardcover 978-3-384-13806-4

E-Book 9783757902858

https://priester-schamane.de/literatur/

HOPI PROPHEZEIUNG - Zwei Pfade: Zerstörung oder Überleben - Thomas Banyacya Spiritueller Ältester

Die Rede von 1972 über die Gefahr und Zukunft jetzt aktuell

Softcover 978-3-384-13807-1

Hardcover 978-3-384-13808-8

E-Book 9783757902889

https://priester-schamane.de/literatur/

Die Hopi Geschichte und Prophezeiung New Mexico PBS aus dem Jahre 2009 jetzt aktuell

Softcover 978-3-384-13755-5

Hardcover 978-3-384-13756-2

E-Book 9783757934590

https://priester-schamane.de/literatur/

Prophezeiung Apokalypse:
Überleben im Kali Yuga Zyklus
Endzeit oder Goldenes Zeitalter?

Überlieferungen im Christentum, Islam, Judentum, Hinduismus

Softcover 978-3-347-92965-4

Hardcover 978-3-347-92966-1

Großschrift 978-3-347-92968-5

https://priester-schamane.de/literatur/

Der berühmteste Vortrag von Hermes Trismegistus dem Dreimaligen Großen mit Asklepios – Die vollkommene Rede

Hermes Trismegistos im Dialog mit Asklepius Gott der Heilkunst

Softcover 978-3-347-92965-4

Hardcover 978-3-347-92966-1

Großschrift 978-3-347-92968-5

https://priester-schamane.de/literatur/

Sprich diese 3 magischen Worte um deine Wünsche zu manifestieren Neville Goddard

Wunscherfüllung mit Neville Goddard: Brückenschlag zwischen persönlichem Verlangen und göttlichem Plan?

Softcover 978-3-384-00640-0

Hardcover 978-3-384-00641-7

Großschrift 978-3-384-00642-4

https://priester-schamane.de/literatur/

Lernen von einem CIA-Agenten - die psychologische Kriegsführung

USA, China, Russland, Europa - jeder ist in Gefahr - Ein CIA-Insider packt aus

Softcover 978-3-384-13567-4

Hardcover 978-3-384-13568-1

https://kiefer-coaching.de/verlag

Das Schildbürger Buch anno dazumal

Eine moderne Neuerzählung der Schildbürger für alle Altersgruppen - mit entzückenden Pixelgrafiken

Softcover 978-3-384-09050-8

Hardcover 978-3-384-09051-5

https://kiefer-coaching.de/verlag

Die Schildbürger anno dazumal - Sonderedition

Eine moderne Neuerzählung für alle Altersgruppen Sonderedition mit entzückenden Pixelgrafiken in Farbe

Softcover 978-3-384-08679-2

Hardcover 978-3-384-08680-8

E-Book 978-3-384-08681-5

https://kiefer-coaching.de/verlag

**Dark Triad - Dunkle Triade
Narzissten – Psychopathen – Machiavellisten**

Beziehung, Manipulation, Ausnutzung, Emotionaler Missbrauch, Verlust der eigenen Identität, Unberechenbarkeit und Gewalt

Softcover 978-3-347-95613-1

Hardcover 978-3-347-95614-8

Großschrift 978-3-347-95616-2

E-Book 978-3-347-95615-5

https://kiefer-coaching.de/verlag

Friedensnobelpreis 2023 für die iranische Aktivistin Narges Mohammadi

Softcover 978-3-384-03767-1

Hardcover 978-3-384-03768-8

Großschrift 978-3-384-03769-5

https://kiefer-coaching.de/verlag

Glücklich als Single 49 Tipps für Singles

Stars über Glück statt Einsamkeit – so gelingt es

Softcover 978-3-384-06523-0

Hardcover 978-3-384-06524-7

Großschrift 978-3-384-06525-4

https://kiefer-coaching.de/verlag

Manifestieren Sie Ihre Träume

Wie Sie alle guten Dinge anziehen

Softcover 978-3-347-91270-0

Hardcover 978-3-347-91271-7

E-Book 978-3-347-91272-4

https://kiefer-coaching.de/verlag

Selbstwert von innen heraus

Eine Reise zu mehr Selbstbewusstsein und Selbstachtung

Softcover 978-3-347-96350-4

Hardcover 978-3-347-96351-1

Großschrift 978-3-347-96353-5

E-Book 978-3-347-96352-8

https://kiefer-coaching.de/verlag

Philosophen über Zufriedenheit - Zitate

Philosophie Glück - Zufriedenheit lernen - Zufriedenheit im Leben Zitate der bekanntesten Philosophen

Softcover 978-3-347-89601-7

Hardcover 978-3-347-89602-4

Großschrift 978-3-347-89604-8

E-Book 978-3-347-89603-1

https://kiefer-coaching.de/verlag

Abulie - Die verlorene Spur - „Mein Kampf gegen den stillen Antriebsverlust": Ein Erfahrungsbericht über den Verlust von Antrieb und Initiative - Wege zur Rückeroberung der Lebensfreude (Psychologie

https://kiefer-coaching.de/verlag

Als nächstes folgen Bücher von Mental Health Coach Holger Kiefer zu medizinischen Themen

Das Schlaf Buch - Schlaf gut ohne Schlafprobleme

Schlaflosigkeit? Endlich den Schlaf verbessern - nie mehr Schlaflos bei Agrypnie, Insomnie und Hyposomnie

Softcover 978-3-347-95149-5

Hardcover 978-3-347-95150-1

Großschrift 978-3-347-95152-5

E-Book 978-3-347-95151-8

https://heil-weg.de/verlag/

Schlafstörungen bei Alzheimer

Anzeichen für Alzheimer Schlafprobleme bewältigen – Prävention, neue Medikamente und Studien

Softcover 978-3-347-95149-5

Hardcover 978-3-347-95150-1

Großschrift 978-3-347-95152-5

E-Book 978-3-347-95151-8

https://heil-weg.de/verlag/

Basiswissen Alzheimer: Verständliche Erklärungen der wichtigsten Fachbegriffe

Alzheimer Demenz, Symptome und Hilfe für Angehörige

Softcover 978-3-347-95024-5

Hardcover 978-3-347-95025-2

Großschrift 978-3-347-95027-6

E-Book 978-3-347-95026-9

https://heil-weg.de/verlag/

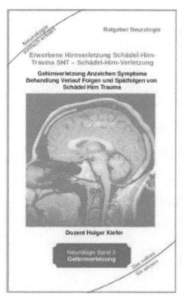

Erworbene Hirnverletzung Schädel-Hirn-Trauma SHT – Schädel-Hirn-Verletzung

Gehirnverletzung Anzeichen Symptome Behandlung Verlauf Folgen und Spätfolgen von Schädel Hirn Trauma

Softcover 978-3-347-96889-9

Hardcover 978-3-347-96890-5

Großschrift 978-3-347-96892-9

E-Book 978-3-347-96891-2

https://heil-weg.de/verlag/

Abulie und Akinetischer Mutismus Symptome

Abulie Mangel an Willenskraft Initiative Antriebslosigkeit Langsamkeit des Denkens Bradyphrenie Sprachstörung

Softcover 978-3-347-96785-4

Hardcover 978-3-347-96786-1

Großschrift 978-3-347-96788-5

https://heil-weg.de/verlag/

Gut zu wissen - so funktioniert das Gehirn

Die Geheimnisse des Gehirns: Von der Hardware zur Software des erfolgreichen Denkens

Softcover 978-3-384-02629-3

Hardcover 978-3-384-02630-9

Großschrift 978-3-384-02631-6

https://heil-weg.de/verlag/

Depressionen besser verstehen und überwinden für Kinder Jugendliche Erwachsene

Softcover 978-3-384-04691-8

Hardcover 978-3-384-04692-5

Großschrift 978-3-384-04693-2

https://heil-weg.de/verlag/

Diagnose Insomnie – Schlafstörung

Neurodegenerative Erkrankung Schlafstörungen

Softcover 978-3-384-03937-8

Hardcover 978-3-384-03938-5

Großschrift 978-3-384-03939-2

https://heil-weg.de/verlag/

Autismus und Schlaf bei Autismus-Spektrum-Störungen

Studien zur Behandlung und Bewältigung von Schlafproblemen mit Autismus-Spektrum-Störungen

Softcover 978-3-384-04254-5

Hardcover 978-3-384-04255-2

Großschrift 978-3-384-04256-9

https://heil-weg.de/verlag/

Marc Segar ich habe Asperger-Syndrom

Mein Leben, meine Erfahrung, wie man als Autist besser überlebt

Softcover 978-3-384-04442-6

Hardcover 978-3-384-04443-3

Großschrift 978-3-384-04444-0

https://heil-weg.de/verlag/

Stammzelltherapie bei Autismus
Pro und kontra: Aktuelle Studien – S3-Leitlinie

Softcover 978-3-384-04188-3

Hardcover 978-3-384-04189-0

Großschrift 978-3-384-04190-6

https://heil-weg.de/verlag/

CBD-Öl zur Behandlung von Autismus Studie bei Autismus-Spektrum-Störung

Wenn Neuleptil, Abilify, Tavor bei Autismus-Spektrum-Störungen nicht helfen

Softcover 978-3-384-04257-6

Hardcover 978-3-384-04258-3

Großschrift 978-3-384-04259-0

https://heil-weg.de/verlag/

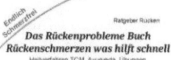

Das Rückenprobleme Buch – Rückenschmerzen was hilft schnell?

Heilverfahren TCM, Ayurveda, Übungen zusätzlich Ursachen Ödeme und Psychosomatische Beschwerden

Softcover 978-3-347-90099-8

Hardcover 978-3-347-90104-9

Großschrift 978-3-347-90121-6

E-Book 978-3-347-90105-6

https://heil-weg.de/verlag/

Darmsanierung durch Darmflora Aufbau: Tipps zur Darmkur

Wie die Darmreinigungskur die Darmsanierung und Darmflora Aufbau unterstützt

Softcover 978-3-347-90034-9

Hardcover 978-3-347-90035-6

Großschrift 978-3-347-90036-3

https://heil-weg.de/verlag/

Ernährung für einen gesunden Darm

Empfohlene Ernährungstipps für eine gesunde Verdauung nicht nur bei Magen-Darmproblem

Softcover 978-3-347-97719-8

Hardcover 978-3-347-97720-4

Großschrift 978-3-347-97722-8

E-Book 978-3-347-97721-1

https://heil-weg.de/verlag/

Powerfood für Kinder und Jugendliche: Gesunde Ernährung für Kinder Ratgeber für Eltern

E-Book

https://heil-weg.de/verlag/

Alles über Sonnenbrand und Sonnenschutz

Bewährte Hausmittel bei Sonnenbrand und mehr

E-Book

https://heil-weg.de/verlag/

Alkohol gesundheitliche Folgen von Alkoholismus körperliche Symptome und Auswirkungen auf die Psyche: Alkoholismus Leitfaden für Fachkräfte Ärzte, Heilpraktiker, ... Suchtberatung, Pflege, Pädagogen

404 Seiten

Softcover 978-3-347-97505-7

Hardcover 978-3-347-97506-4

Großschrift 978-3-347-97508-8

E-Book 978-3-347-97507-1

https://heil-weg.de/verlag/

Krebs durch Alkohol das Krebsrisiko

Welche Krebsarten löst Alkohol aus – Erfahrungen - Informationen

Softcover 978-3-347-97639-9

Hardcover 978-3-347-97640-5

Großschrift 978-3-347-97642-9

E-Book 978-3-347-97641-2

https://heil-weg.de/verlag/

Alkoholentzug und Entzugserscheinungen Alkoholentzugssyndrom

Alkoholismus Alkoholentzug Therapie bei Alkoholabhängigkeit

Softcover 978-3-347-97567-5

Hardcover 978-3-347-97568-2

Großschrift 978-3-347-97570-5

E-Book 978-3-347-97569-9

https://heil-weg.de/verlag/

Alkohol Krankheiten und ihre Folgen Krebs durch Alkohol das Krebsrisiko Alkoholismus: Alkoholiker welche Krebsarten löst Alkohol aus – Erfahrungen - Informationen zu Alkoholsucht

https://heil-weg.de/verlag/

So entsteht ein Mensch – von der Befruchtung bis zur Geburt

Ratgeber Schwangerschaft – Alle Phasen der Entwicklung von Mutter und Kind

Softcover 978-3-347-98067-9

Hardcover 978-3-347-98068-6

Großschrift 978-3-347-98070-9

E-Book 978-3-347-98069-3

https://heil-weg.de/verlag/

Für Vorträge, Unterricht oder eine Buchpräsentation fragen Sie bitte telefonisch an unter 0162-9291723

Impressum:
Holger Kiefer
Kopernikusstr. 14
D-90766 Fürth
beratungholgerkiefer@gmx.de
0162-9291723

Zeitfracht Medien GmbH
Ferdinand-Jühlke-Straße 7,
99095 - DE, Erfurt
produktsicherheit@zeitfracht.de